No se permite la reproducción total o parcial de esta obra, ni su incorporación a un sistema informático, ni su transmisión en cualquier forma o por cualquier medio (electrónico, mecánico, fotocopia, grabación u otros) sin autorización previa y por escrito de los titulares del copyright. La infracción de dichos derechos puede constituir un delito contra la propiedad intelectual.

ISBN 9788411744287 © Eve Stars, 2023

Impresión y editorial: BoD – Books on Demand
info@bod.com.es – www.bod.com.es
Impreso en Alemania – Printed in Germany

Este libro pertenece a este extraordinario, soñador y creativo Piscis:

Piscis

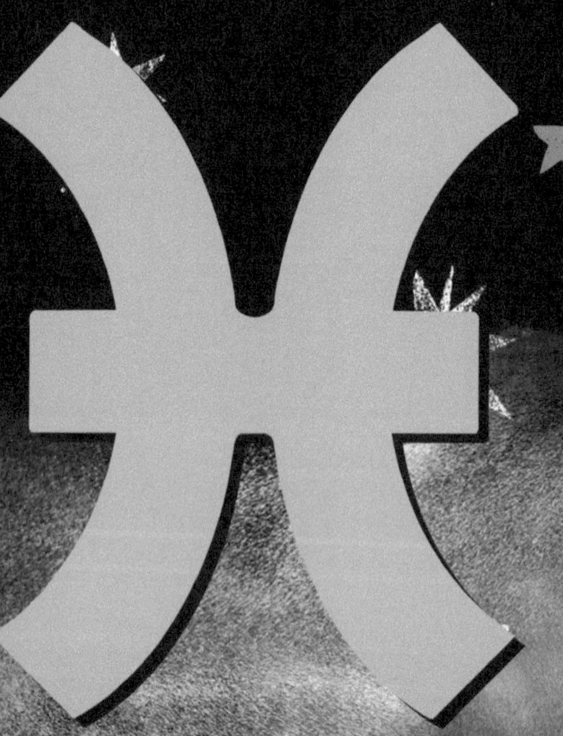

19 DE FEBRERO – 20 DE MARZO

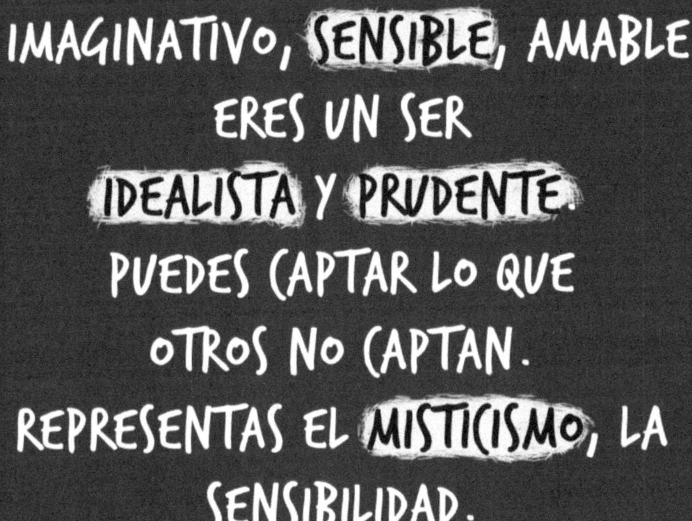

ROMÁNTICO

TOLERANTE

DESPISTADO

TÍMIDO

CARIÑOSO

VULNERABLE

ERES UN SIGNO DE AGUA,
ENIGMÁTICO, CREATIVO Y...
MUY EMOTIVO.

ERES EL
ROMÁNTICO
DEL ZODÍACO

TU EMPLAZAMIENTO NATURAL
ES LA DUODÉCIMA CASA,
LA CASA DEL INCONSCIENTE

ENEMIGOS OCULTOS, LOS SUEÑOS,
LA INTUICIÓN
(ERES UN POCO BRUJILLO)

PISCIS ESTÁ GOBERNADO POR
NEPTUNO
SOY TU
COLEGA
FIEL

Elementos para Piscis

COLORES: VIOLETA, AZUL, BLANCO, VERDE.

VÍSTETE CON ESTOS COLORES CUANDO QUIERAS LIGAR Y SERÁS IRRESISTIBLE (SI ES POSIBLE SERLO AÚN MÁS)

PIEDRAS: AGUAMARINA, CUARZO ROSA Y AMATISTA.

CUANDO TROPIECES DOS VECES, COMO SUELES HACER, QUE SEA AL MENOS CON ALGUNA DE ESTAS PIEDRAS

ÁRBOLES: MELOCOTONERO, MANZANO

ABRÁZATE A UNO DE ESTOS ÁRBOLES CUANDO ESTÉS DE BAJONA. TE QUIEREN

FLORES: LIRIOS DE AGUA Y DALIAS.

LOS VULGARES RAMOS DE ROSAS NO ESTÁN A TU ALTURA. EXIGE MÁS

Hablemos claro, Piscis

ERES MUY QUERIDO POR LOS DEMÁS PORQUE TIENES UN CARÁCTER AFABLE, CARIÑOSO Y AMABLE Y NO SUPONES UNA AMENAZA PARA LOS QUE QUIEREN TENER PUESTOS DE AUTORIDAD O MAYOR POPULARIDAD.

TIENES UNA PERSONALIDAD TRANQUILA, PACIENTE Y DULCE. ERES SENSIBLE A LOS SENTIMIENTOS DE LOS DEMÁS Y RESPONDES CON SIMPATÍA Y TACTO AL SUFRIMIENTO DE LOS OTROS.

SUELES ACEPTAR TU ENTORNO Y ASUMIR TUS CIRCUNSTANCIAS, Y NO SUELES TOMAR LA INICIATIVA PARA RESOLVER PROBLEMAS. TE PREOCUPAN MÁS LOS PROBLEMAS DE OTROS QUE TUS PROPIOS PROBLEMAS.

MUCHAS VECES TE RETIRAS HACIA UN MUNDO DE SUEÑOS. TIENES UNA GRAN CAPACIDAD CREATIVA ARTÍSTICA.

TE IMPRESIONAS FÁCILMENTE, ES MÁS, ERES EL MÁS IMPRESIONABLE DE LOS DOCE SIGNOS DEL ZODIACO. PROFUNDAMENTE EMPÁTICO, MUESTRAS A MENUDO UNA NATURALEZA APACIBLE Y PACIENTE, PERO PUEDES LLEGAR A TENER FALTA DE LA INSPIRACIÓN.

PUEDES SER AFECTADO Y ABSORBIDO PROFUNDA Y COMPLETAMENTE POR TU ENTORNO

ERES INCANSABLE Y LA PALABRA FATIGA NO EXISTE EN TU DICCIONARIO.

ERES MUY REFLEXIVO, PREFIERES PERMITIR QUE LOS ACONTECIMIENTOS SE DESARROLLEN Y, SÓLO DESPUÉS DE ESO, RESPONDER A LAS CIRCUNSTANCIAS.

CUANDO ELIGES UN CAMINO A SEGUIR, TE ENFOCAS COMPLETAMENTE A ESE SENDERO DEJANDO DE LADO CASI TODO LO DEMÁS, ERES MUY DETERMINADO.

ESTA ENERGÍA OBSESIVA Y COMPULSIVA PUEDE EN MUCHOS CASOS NO SER SALUDABLE, LLEGANDO A VOLVERTE ADICTO AL TRABAJO O A OTRAS ACTIVIDADES.

Amuletos para Piscis

¿CREEMOS EN LAS FUERZAS OCULTAS? ¡SÍÍÍÍ! ¿Y CREEMOS EN LOS AMULETOS? ¡TAMBIÉÉÉÉN! PUES TIRA YA ESA PATA DE CONEJO RANCIA, ESTOS SON LOS AMULETOS QUE TE AYUDARÁN A CONSEGUIR TODAS TUS METAS.

LOS AMULETOS MÁS EFECTIVOS PARA LOS NACIDOS BAJO EL SIGNO DE PISCIS SON AQUELLOS QUE TIENEN QUE VER CON LA DUALIDAD Y CON LA FORMA EN QUE LOS OPUESTOS CREAN CICLOS Y MOVIMIENTO. EN ESE SENTIDO EL SÍMBOLO ORIENTAL DE YING Y DEL YANG (PRINCIPIOS ACTIVOS Y PASIVOS DEL MUNDO) ES SÚPER EFECTIVO PARA QUE LOS PISCIS DISCIERNAN LAS VENTAJAS DE ACTUAR CUANDO DEBEN HACERLO, Y RESIGNARSE ANTE AQUELLAS CIRCUNSTANCIAS QUE NO PUEDES MODIFICAR. PINTA ESTE SÍMBOLO EN TU CASA O LLÉVALO EN UN COLGANTE Y HALLARÁS EL EQUILIBRIO QUE DESEAS Y NECESITAS.

COLOR VIOLETA. EL COLOR LÍMITE DEL ESPECTRO VISIBLE ES EL QUE MEJOR TE SIENTA, PUES COMO TÚ, ESTE COLOR DIVIDE AQUELLO QUE ES EVIDENTE PARA LOS OJOS, DE AQUELLO QUE SÓLO PUEDE SER VISTO CON EL CORAZÓN. ÚSALO EN TU ROPA Y EN TU HOGAR, AUNQUE MEJOR EN DOSIS MEDIDAS, PUES SE TRATA DE UN TONO MUY INTENSO Y PUEDE RESULTAR AGOBIANTE.

PLATA. ESTE METAL ES, SIN DUDA, EL QUE A LO LARGO DEL TIEMPO SE HA LLENADO DE UN MAYOR SENTIDO RELIGIOSO Y ESPIRITUAL. DESDE TIEMPOS INMEMORIALES HA SIDO USADO PARA PURIFICAR Y BENDECIR, LO MISMO QUE HA TENIDO UN VALOR MONETARIO. ES COMO TÚ, QUE TE MUEVES ENTRE LOS MUNDOS MATERIAL Y ESPIRITUAL. USA ESTE METAL EN ALGÚN COLGANTE O PRENDEDOR Y ESTARÁS PROTEGIDO DE LOS MALES DEL ESPÍRITU Y DE LOS MATERIALES.

AGUAMARINA. ESTA VARIEDAD DE LA ESMERALDA RESALTA POR LA FORMA EN QUE PARECE CONTENER AL AGUA DEL MÁS PROFUNDO MAR. ES, DESDE LUEGO, UNA REMINISCENCIA MARINA QUE OS LLENA A LOS PISCIS DE PODEROSAS ENERGÍAS, DE UNA ACTITUD POSITIVA QUE TE HACE SALIR DEL QUE ES TU MAYOR ENEMIGO:

LA INACCIÓN. SI LLEVAS CONTIGO UNA AGUAMARINA TEN-
DRÁS EL IMPULSO QUE TE HACE FALTA PARA ACTUAR EN
ESOS MOMENTOS EN QUE SE HACE NECESARIO. ADEMÁS, ES
UN AMULETO QUE BENEFICIA LA SANGRE Y LA ACTIVIDAD
CEREBRAL.

GLICINAS. SUS VIGOROSAS FLORES SON MUY RESISTENTES,
LO QUE LAS AYUDA A SOBREVIVIR AL MAYOR PROBLEMA DE
LOS PISCIS, SU DESCUIDO. TEN UNA MACETA CON ESTAS
FLORES EN TU CASA Y TENDRÁS UN AMULETO QUE ATRAERÁ
TODAS LAS FORMAS DE LA BUENA SUERTE, PARA TI Y PARA
LOS TUYOS.

AMULETO DOMÉSTICO PARA PISCIS

HAZ UN YING YANG DOMÉSTICO: COLOCA EN UN RECIPIENTE
DE METAL MITAD DE ARENA BLANCA Y MITAD DE CARBÓN.
COLÓCALOS DE TAL MANERA QUE SUS VOLÚMENES TRACEN
UNA "S" A LO LARGO DE SU SUPERFICIE. EN EL CENTRO DE
ESTA LETRA COLOCA DOS PIEDRAS: UNA NEGRA SOBRE EL
LADO BLANCO Y UNA BLANCA SOBRE EL LADO DEL CARBÓN.
Y LISTO: YA TIENES EN TU CASA UN AMULETO QUE TE VA
A DAR LA CAPACIDAD DE TOMAR LAS DECISIONES Y LLEVAR A
CABO LAS ACCIONES QUE MEJORARÁN TU VIDA.

YO CUIDARÉ DE TI
5 11 19
TUS NÚMEROS DE LA SUERTE

Tus miedos

¿Y A QUÉ LE TIENE MIEDO EL INCREÍBLE PISCIS?

LO PEOR QUE SE TE PUEDE HACER ES HACERTE DEMOSTRAR, CON HECHOS, TUS DICHOS.
LOS PISCIS HABÉIS NACIDO PARA SOÑAR EN UN MUNDO DE DURAS REALIDADES, Y DOBLEGARLO CON IMAGINACIÓN Y CREATIVIDAD, NO PARA SER DESENMASCARADOS ANTE UNA HORDA COMO SI FUERAIS UNOS MENTIROSOS. POR ELLO, EL MAYOR TEMOR AL QUE SE ENFRENTA UN PISCIS ES A SER EXPUESTO... COMO UN SOÑADOR, COMO UN FARSANTE, COMO UN FRAUDE.

AMANTE DE LA LENTITUD Y DE LAS AGUAS QUIETAS, LOS NATIVOS DE PISCIS NO TENÉIS ESA ALMA COMPETITIVA QUE NOS DEMANDA LA LIBRE EMPRESA: NI TE ROBARÁN EL QUESO NI CONSPIRARÁN EN TU CONTRA.
POR DESGRACIA, EL MUNDO INTERPRETA ESTAS ACTITUDES COMO DEBILIDAD... Y SE ESMERA EN QUE PISCIS LO SEPA A LO LARGO DE TODA SU VIDA.

TÚ SABES QUE LA VIDA QUIERE SACARTE DE TU ES-
TANQUE CON EL PRETEXTO DE SACUDIRTE, DE HACERTE
VIVIR "DE VERDAD". Y POR ELLO TE OCULTAS Y NADAS
MÁS PROFUNDO Y RARA VEZ TE ATREVES A RECLAMAR
TU DERECHO A SOÑAR E IMAGINAR UN MUNDO MEJOR
QUE EL QUE NOS TOCA VIVIR.

NO HAY NADA MALO EN EL MIEDO AL FRACASO. ES UNA DE LAS MÁS GRANDES INSPIRACIONES QUE TENEMOS PARA SER MEJORES DÍA A DÍA. EL PROBLEMA ES CUANDO ESTE MIEDO NOS EXPONE A SITUACIONES POCO GRATIFICANTES O CRÍTICAS CON EL MEDIO QUE NOS RODEA, Y CON AQUELLOS A LOS QUE CONSAGRAMOS NUESTRA VIDA.

TIENES QUE APRENDER A DAR BIEN POR BIEN, Y CERRAR UN POCO EL GRIFO DE TU GENEROSIDAD CUANDO NO OBTIENES NINGUNA RETRIBUCIÓN POR LO MUCHO QUE HACES.

DEBES APRENDER A LUCHAR TUS LUCHAS POR TI Y PARA TI: DISFRUTAR DE TUS FRACASOS, DE LOS QUE SE APRENDE MUCHO, Y DE TUS ÉXITOS, QUE SIEMPRE SON NOTABLES.

DEBERÍAS TOMAR LAS RIENDAS DE TU VIDA, Y CABALGAR TAN SOLO POR EL GUSTO DE HACERLO, NO PARA ARRASTRAR LA CARRETA DE OTROS.

Sálvate tú y se salvarán todos.

Hablemos de lo que importa: el AMOR

ERES PERFECTO PARA CONSTRUIR RELACIONES SENTIMEN-
TALES AUNQUE ERES UN SER COMPLEJO Y CONFÍAS MUY
POCO.

TE CUESTA MUCHÍSIMO MOSTRAR TUS SENTIMIENTOS,
PUEDES PARECER FRÍO Y PARCO DURANTE CUALQUIER CON-
VERSACIÓN Y SIEMPRE INTENTARÁS APLASTAR AL OTRO
CON TUS COMENTARIOS Y TU DEMOSTRACIÓN DE SUPERIORI-
DAD CONSTANTE.

NO OBSTANTE CUANDO CONSIGUEN DERRETIR UN POCO TU
DURA CORAZA EL OTRO VERÁ QUE ERES UNA PERSONA
PROTECTORA PREOCUPADA Y MUY AMOROSA.

PUEDES PARECER TÍMIDO AL PRINCIPIO PERO A MEDIDA
QUE AVANZA LA RELACIÓN TE VAS DESTAPANDO, DEJAN-
DO VER TU LADO MÁS DULCE Y SALVAJE.

ERES **MUY FIEL**, NO SOLO A TUS IDEAS, SINO TAMBIÉN A TUS SENTIMIENTOS Y TUS PAREJAS. LA ESTABILIDAD Y LA FIDELIDAD SERÁN ASPECTOS QUE SALDRÁN A RELUCIR DE SOBRA EN TUS RELACIONES.

NECESITAS, EN OCASIONES, TRABAJAR MÁS EN TU LADO SENTIMENTAL, YA QUE SUELES SER DEMASIADO **INSEGURO** A LA HORA DE DEMOSTRAR TUS SENTIMIENTOS MÁS PROFUNDOS. ERES ALTAMENTE **DESCONFIADO** Y PRECAVIDO.

NO ERES NADA FRÍVOLO Y PREFIERES LAS PERSONAS SERIAS, QUE TENGAN LOS PIES EN EL SUELO, QUE HAYAN CONSEGUIDO REALIZARSE EN LA VIDA E INTELIGENTES. ES UNA DE LAS COSAS QUE MÁS VALORAS, LA **INTELIGENCIA** TE CUESTA MUCHO ENTREGARTE, POR LO QUE MEJOR QUE NO TENGAN PRISA CONTIGO.

LA PAREJA IDEAL PARA TI ES AQUELLA QUE TE ESCUCHA, TE APOYA, TE QUITA TUS IDEAS NEGATIVAS DE LA CABEZA, TE DA CONFIANZA, TE AYUDA A POTENCIARTE Y A REALIZARTE.
TE GUSTA SENTIR QUE TU PAREJA ES ALGUIEN **SÓLIDO** QUE CAMINA EN EL MISMO SENTIDO QUE TÚ.

EXPRÉSATE ABIERTAMENTE. PLANTEA TUS NECESIDADES EN VEZ DE DAR POR HECHO SITUACIONES, EXPRESA A TU PAREJA LAS COSAS QUE REALMENTE BUSCAS Y NECESITAS DE UNA RELACIÓN. VALORA TUS PROPIAS IDEAS Y NECESIDADES PARA LUEGO HACERLAS VALER EN EL MARCO DE UNA RELACIÓN AMOROSA.

VALÓRATE, RECLAMA TU LUGAR: TU PRIMER AMOR, EL MÁS IMPORTANTE Y AL QUE NO DEBES RENUNCIAR EN NOMBRE DE NINGUNA RELACIÓN ES EL AMOR PROPIO. SI SIEMPRE ANTEPONES LOS INTERESES DE TU PAREJA SOBRE LOS TUYOS, JAMÁS PODRÁS ESTABLECER UNA RELACIÓN DE AMOR VERDADERAMENTE RECÍPROCA.

EVITA IDEALIZAR OLVIDA UN POCO LOS CUENTOS DE PRÍNCIPES Y PRINCESAS. LAS PERSONAS TIENEN DEFECTOS Y VIRTUDES Y LA PERFECCIÓN NO EXISTE. DEJA DE IDEALIZAR A LAS PERSONAS Y EMPIEZA A VERLAS TAL CUAL SON PARA EVALUAR SI REALMENTE SON COMPATIBLES CONTIGO EN LUGAR DE ADJUDICARLES VIRTUDES IMAGINARIAS QUE SOLO TE QUITAN OBJETIVIDAD Y TE ALEJAN DE LA POSIBILIDAD DE UNA RELACIÓN REAL.

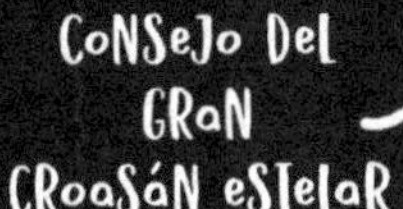

EL AMOR NO ES ALGO QUE HAS DE ENCONTRAR, SINO ALGO QUE TE ENCUENTRA A TI

CONSEJO DEL GRAN CROASÁN ESTELAR

PISCIS Y PISCIS

PUEDE CONVERTIRSE EN UNA RELACIÓN ARMONIOSA O EN UN CAOS TOTAL: SI BIEN AMBOS PODÉIS ATRAEROS, ES PERJUDICIAL SI LAS FANTASÍAS Y LOS SUEÑOS SON EL PLATO FUERTE DE LA RELACIÓN.

SOIS SIGNOS MUTABLES, POR LO QUE EL FLUJO DE COMUNICACIÓN Y DE ENTENDIMIENTO ES MUY POSITIVO Y TENDRÉIS UN SENTIDO TELEPÁTICO QUE OS INTERCONECTARÁ.

ESO SÍ, SIN UN ANCLA ESTABLE PARA LA RELACIÓN OS PODRÍAIS PERDER EN UN MAR DE EMOCIONES ABRUMADORAS.

SE PUEDE CREAR UNA UNIÓN PROFUNDAMENTE INTUITIVA E INCLUSO ESPIRITUAL SI AMBOS ESTÁIS EQUILIBRADOS Y LOGRÁIS COMPROMETEROS CON UNOS OBJETIVOS PRÁCTICOS Y REALISTAS JUNTOS.

PROCURAD MANTENEROS EL UNO AL OTRO CON LOS PIES EN LA TIERRA.

CONSEJO PARA HACER QUE FUNCIONE

ORGANIZAR LAS LABORES DE TRABAJO EN HORARIOS OPUESTOS Y RESERVAR EL FIN DE SEMANA PARA PODER DISFRUTAR JUNTOS DEL ROMANCE Y LA PASIÓN.

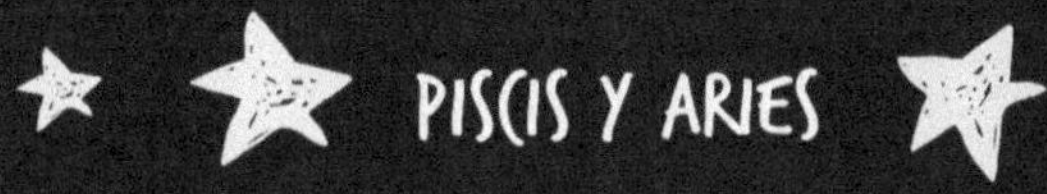

PISCIS Y ARIES

ES UNA COMBINACIÓN DIFÍCIL PORQUE A PESAR DE UNA FUERTE ATRACCIÓN INICIAL, EXISTEN DIFERENCIAS IMPORTANTES ENTRE VOSOTROS.

EL FUEGO DE ARIES PUEDE SER EXTINGUIDO POR EL AGUA DE PISCIS, QUE PUEDE PERTURBAR EL LADO FELIZ Y DIVERTIDO DE SU PAREJA ARIES.

ARIES ES ESPONTÁNEO, RADICAL Y MUY SINCERO, ASPECTOS QUE CHOCAN CON LA PERSONALIDAD INTROVERTIDA DE PISCIS, QUE SUELE TENER SU MUNDO INTERIOR, ES MUY RESERVADO PERO MUY AMOROSO Y SENTIMENTAL. POR ESO ESTA RELACIÓN SERÁ TODO UN RETO PARA AMBOS.

LAS RELACIONES SEXUALES SERÁN BUENAS SI ESTÁIS ENAMORADOS O SENTÍS MUCHA PASIÓN EL UNO POR EL OTRO.

CUANDO PISCIS AMA, LO HACE SIN CONDICIONES Y ESTO LE ENCANTARÁ A ARIES QUE ES UN SIGNO MUY SENSUAL.

 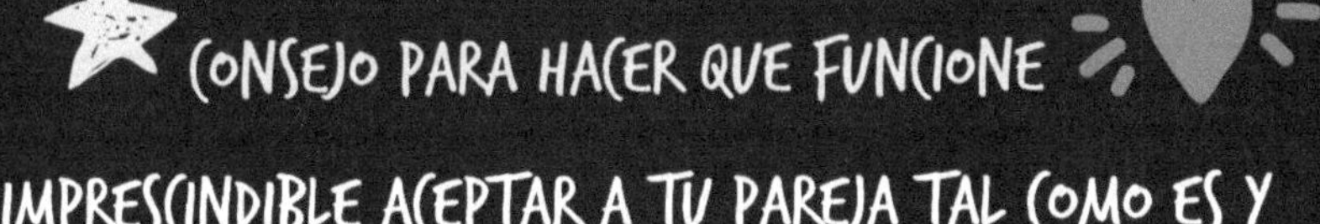

CONSEJO PARA HACER QUE FUNCIONE

ES IMPRESCINDIBLE ACEPTAR A TU PAREJA TAL COMO ES Y NO INTENTAR CAMBIARLA. SI ESTO SE LOGRA, PISCIS SERÁ CAPAZ DE ENRIQUECER LA VIDA DE SU PAREJA ARIES DESDE EL PUNTO DE VISTA ESPIRITUAL Y DE GENEROSIDAD Y ARIES DARLE A ÉL UN POCO DE VIDILLA.

LA COMPATIBILIDAD ES MUY BUENA. SI UNA PAREJA TAURO-PISCIS DECIDE SEPARARSE, LO MÁS SEGURO ES QUE LOGREN CONSERVAR UNA EXCELENTE AMISTAD QUE PUEDE INCLUSO LLEGAR A INCOMODAR A FUTURAS PAREJAS. AMBOS TENÉIS UNA ACTITUD MUY COMPRENSIVA Y UNA PERSONALIDAD BASTANTE AMIGABLE LA CUAL TIENDE A PECAR DE SER DEMASIADO DESPREOCUPADA. A AMBOS OS PARECE IMPORTANTE MANTENER LA ARMONÍA EN LA RELACIÓN, POR LO QUE LAS PELEAS NO SON FRECUENTES. PISCIS MOSTRARÁ APOYO Y BENEVOLENCIA HACIA TAURO Y GRANDES DOSIS DE TERNURA, QUE HARÁN QUE TAURO SE SIENTA COMPLETAMENTE ATRAÍDO HACIA PISCIS. Y ÉSTE APRENDERÁ NUEVAS COSAS DE TAURO, COMO EL VALOR DE EQUILIBRAR SU VIDA ESPIRITUAL CON EL SENTIDO PRÁCTICO. SEXUALMENTE LA RELACIÓN SERÁ MUY INTERESANTE, AL ENCONTRARSE EL MUNDO ESPIRITUAL DE PISCIS CON EL MUNDO RACIONAL DE TAURO. SALTARÁN CHISPAS.

CONSEJO PARA HACER QUE FUNCIONE (¡AÚN MEJOR!)

APERTURA MENTAL PARA COMPLEMENTAR VUESTRAS PERSONALIDADES Y CRECER JUNTOS.

PISCIS Y GÉMINIS

LA COMPATIBILIDAD NO ES UNA DE LAS MÁS ALTAS. TEN-DRÉIS QUE ESFORZAROS PARA QUE LA RELACIÓN FUNCIONE. ESTÁIS ABIERTOS A NUEVAS IDEAS, SOIS FLEXIBLES, TRANSI-GENTES Y ESTÁIS DISPUESTOS A CAMBIAR DE POSTURA SI OS EQUIVOCÁIS, LO QUE OS AYUDARÁ DE CARA A ESTE RETO. COMPARTÍS LA FALTA DE CONSTANCIA. AMBOS CAMBIÁIS CON MUCHA FACILIDAD Y ESTO PUEDE LLEGAR A CAUSAR PROBLEMAS PARA LA ESTABILIDAD DE LA PAREJA. SEXUALMENTE LA COSA NO MEJORA: A GÉMINIS LE ENCAN-TA JUGAR Y EXPERIMENTAR MIENTRAS QUE PISCIS VIVE EN UN MUNDO DE FANTASÍA Y BUSCARÁ UNA CONEXIÓN ENTRE SU ALMA Y LA DE SU PAREJA PARA SENTIRSE COMPLETA-MENTE SATISFECHO. SI LOGRA ESTA CONEXIÓN, TODO ES POSIBLE, PERO A GÉMINIS LE PODRÁ COSTAR Y TAL VEZ PIERDA LA PACIENCIA ANTES.

CONSEJO PARA HACER QUE FUNCIONE

HABLAR Y LLEGAR A ACUERDOS, YA QUE LA COMUNICACIÓN ES VUESTRO PUNTO FUERTE. VIVIR LA RELACIÓN COMO UNA AVENTURA QUE EXPERIMENTÁIS JUNTOS, SOR-PRENDIÉNDOOS Y APRENDIENDO A CADA PASO.

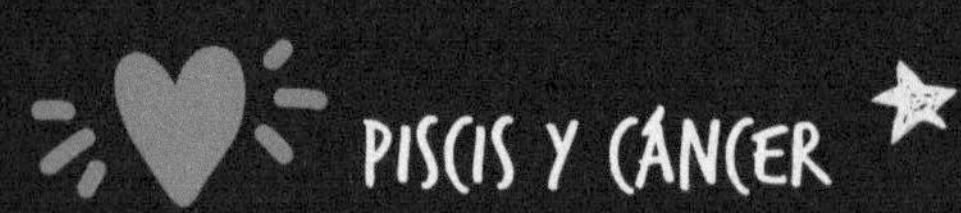

PISCIS Y CÁNCER

LA COMBINACIÓN ES PERFECTA, PISCIS AGREGA UNA PIZCA ESPIRITUAL Y HERMOSA A CÁNCER, Y ÉSTE LE OFRECE A PISCIS VIVIR LA VIDA DE UNA FORMA TRANQUILA, DISFRUTANDO LOS PEQUEÑOS DETALLES.

PISCIS TIENE TENDENCIA A SER SOÑADOR Y TOMAR DECISIONES POCO PRÁCTICAS EN LA VIDA. EN ESTE SENTIDO, CÁNCER TIENE DOS OPCIONES: EXASPERARSE HASTA EL PUNTO DE ABANDONAR LA RELACIÓN O INTENTAR CON CUIDADO, QUE SU PAREJA VUELVA A PONER LOS PIES EN EL SUELO PARA PODER LLEVAR UNA VIDA PRODUCTIVA Y ÚTIL Y A CENTRARSE EN COSAS MÁS CONCRETAS, COMO LA FAMILIA.

PISCIS ANIMA A CÁNCER A PONER EN MARCHA SUS IDEAS MÁS FILOSÓFICAS Y ESPIRITUALES.

LAS RELACIONES SEXUALES SERÁN EXCELENTES, DADO QUE AMBOS SENTÍS UNA FUERTE ATRACCIÓN, ENTIENDÉIS LAS NECESIDADES SEXUALES DEL OTRO Y HACÉIS TODO LO POSIBLE POR SATISFACERLAS.

CONSEJO PARA HACER QUE FUNCIONE (¡AÚN MEJOR!)

DEBERÉIS ESFORZAROS POR EVITAR EL SENTIMENTALISMO EXCESIVO Y DAR A VUESTRA VIDA UNA DIRECCIÓN CONJUNTA.

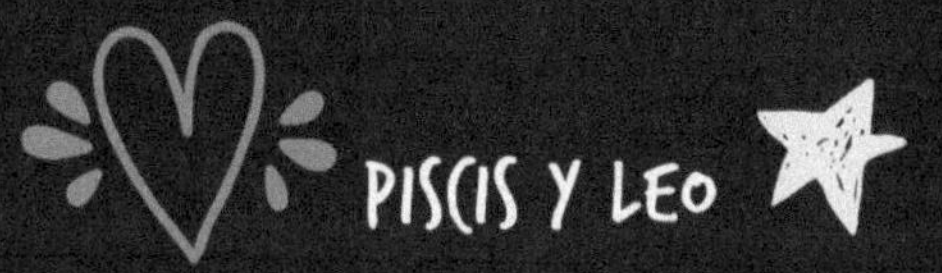

SU COMPATIBILIDAD Y COMPLEMENTARIEDAD PUEDEN SER MUY GRANDES: LEO SE SENTIRÁ ATRAÍDO POR EL SEXY PERO VULNERABLE, PISCIS. PISCIS TAMBIÉN SE SIENTE ATRAÍDO POR EL LEÓN AL PERCIBIR QUE TIENE UN CORAZÓN CÁLIDO Y UNA FUERZA INTERIOR QUE PUEDE ESTAR AHÍ PARA ÉL CUANDO LOS TERRORES DE LA NOCHE ACECHEN.
NO OBSTANTE, LEO DEBERÁ TENER CUIDADO DE NO ABRUMAR A EL CAUTELOSO PISCIS, DADO QUE LA ACTIVA NATURALEZA EXTROVERTIDA DE LEO NO ENCAJA DEMASIADO BIEN CON LA INTROSPECCIÓN DEL SOÑADOR PISCIS.
CUANDO NACE UNA RELACIÓN ENTRE ESTOS SIGNOS ES MUY IMPORTANTE JUGÁRSELA A TODO O NADA.
SI LEO CREE QUE ENCUENTRA EN UN PISCIS A SU AMOR IDEAL LO DEJARÁ TODO Y PELEARÁ PARA ESTAR JUNTOS CONTRA VIENTO Y MAREA. ESTA DETERMINACIÓN DE LEO LE DARÁ CONFIANZA A LA PAREJA PISCIS.

CONSEJO PARA HACER QUE FUNCIONE (¡AÚN MEJOR!)

RECORDAR QUÉ OS UNIÓ EN UN PRINCIPIO. LEO TENDRÁ QUE SER MÁS COMPRENSIVO CON LOS SENTIMIENTOS DE PISCIS Y ÉSTE QUE RESPETAR EL DESEO DE LEO DE GOBERNAR EN LA JUNGLA.

LA COMPATIBILIDAD ES MUY BUENA A PESAR DE UNA CON-TRADICCIÓN ENTRE LOS DOS SIGNOS: POR NATURALEZA SOIS OPUESTOS, ALGO QUE PARADÓJICAMENTE EN EL MUNDO ASTRAL SE TOMA COMO UN INDICADOR MUY POSITIVO EN CUANTO A LAS RELACIONES AMOROSAS Y DE MATRIMONIO. AL MISMO TIEMPO, VUESTROS ENFOQUES DE LA VIDA Y VUESTRAS PERSONALIDADES SON MUY DIFERENTES.

PISCIS ES MUY ROMÁNTICO Y MUY SENSIBLE A LOS SEN-TIMIENTOS Y NECESIDADES DE LOS DEMÁS, PERO CON VIRGO SUELE SABER TRANSMITIRLE MUCHA PASIÓN. EL EXCESO DE ROMANTICISMO DE LOS PISCIS COMPENSA LA FALTA DE RO-MANTICISMO DE SU PAREJA VIRGO.

VIRGO PUEDE AYUDAR A SU PAREJA PISCIS A MATERIALIZAR SUS SUEÑOS E IDEAS. ADEMÁS, COMO NINGUNO DE LOS DOS SOIS NI MUY AMBICIOSOS NI ENVIDIOSOS, CONSIDERARÉIS LOS ÉXITOS DEL OTRO COMO UN ÉXITO DE LOS DOS.

CONSEJO PARA HACER QUE FUNCIONE (¡AÚN MEJOR!)

VIRGO DEBERÍA APRENDER A CONTENERSE Y NO CRITICAR DE FORMA EXCESIVA A SU PAREJA. PISCIS DEBERÍA NO TENDER TANTO AL DRAMA CUANDO HAYA DISCUSIONES.

PISCIS Y LIBRA

ES UNA COMBINACIÓN INUSUAL PERO LA ATRACCIÓN ENTRE AMBOS PUEDE SER INTENSA: PISCIS TIENE UNA DELICADA BELLEZA O UN AIRE DE MISTERIO MUY APRECIADO POR LIBRA, QUE ENCUENTRA A PISCIS FASCINANTE.

LOS DOS TENÉIS UN LADO OSCURO, POR LO QUE OS ENCONTRÁIS CÓMODOS EN UN MUNDO PRIVADO. NO OBSTANTE, EN EL MUNDO EXTERIOR, LAS REGLAS PUEDEN CAMBIAR. EN DONDE A LIBRA LE GUSTA DEBATIR, DAR VUELTAS AL ASUNTO Y REFLEXIONAR, PISCIS MANTIENE SUS SECRETOS Y NECESIDAD DE SOLEDAD.

PISCIS PUEDE ENTENDER LOS ATAQUES DE INDECISIÓN DE LIBRA. ELLOS TAMBIÉN PADECEN MIEDOS E INDECISIÓN. PISCIS SIENTE COMPASIÓN POR EL ESTADO DEL MUNDO, POR LO QUE PODRÁ IDENTIFICARSE FÁCILMENTE CON LAS CAUSAS SOCIALES QUE IMPULSAN A LIBRA.

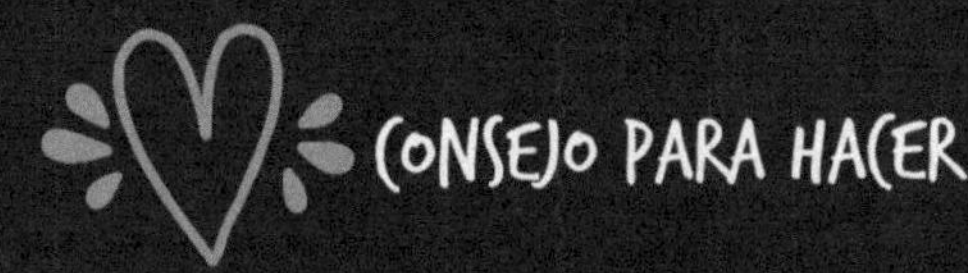

CONSEJO PARA HACER QUE FUNCIONE

ESFORZAROS POR ENTENDER AL OTRO. LIBRA TENDRÁ QUE ENTRAR MÁS EN CONTACTO CON SUS EMOCIONES Y PISCIS QUE RESPETAR EL PUNTO DE VISTA LÓGICO QUE LIBRA TIENE DE LA VIDA.

LA ATRACCIÓN ES IRRESISTIBLE, UNA UNIÓN CON TODAS LAS POSIBILIDADES DE ÉXITO. LOS DOS SOIS APASIONADOS Y LEALES. ESCORPIO ES UN SIGNO FIJO, POR LO QUE UNA VEZ QUE SE COMPROMETE, SE ENTREGA TOTALMENTE.

OS COMUNICARÉIS DE FORMA SUTIL, LEYENDO EL ESTADO DE ÁNIMO DEL OTRO Y SUS PENSAMIENTOS.

LOS DOS SOIS RESERVADOS POR NATURALEZA. SI AMBOS RE-CHAZÁIS AFRONTAR LOS PROBLEMAS, ESTOS ESTARÁN A LA VUELTA DE LA ESQUINA. CUIDADO CON ESO.

ESCORPIO SENTIRÁ DEVOCIÓN POR SU IMAGINATIVO AMANTE Y EL ESTILO DE PISCIS TRAERÁ CHISPA A LA VIDA DE ESCORPIO.

ESTA UNIÓN LO TIENE TODO, DESDE EL EROTISMO SENSUAL A LO PROFUNDAMENTE ESPIRITUAL. ÍNTIMA Y DURADERA, ES UNA COMBINACIÓN PERFECTA.

CONSEJO PARA HACER QUE FUNCIONE (¡AÚN MEJOR!)

PISCIS ES SENSIBLE, POR LO QUE ESCORPIO DEBERÁ TENER CUIDADO CON SU DESPIADADO AGUIJÓN.

SI OS ENFRENTÁIS A LOS PROBLEMAS, EN VEZ DE REHUIR-LOS, NO HABRÁ NADA QUE NO PODÁIS RESOLVER JUNTOS.

PISCIS Y SAGITARIO

SOIS COMPLEMENTARIOS Y COMPATIBLES.

SOIS SIGNOS MUTABLES, POR LO QUE AMBOS OS APROXIMÁIS A LA RELACIÓN COMO IGUALES, SIN QUE NINGUNO INTENTE CONTROLAR O DOMINAR AL OTRO.

SEXUALMENTE, LA MEZCLA DE FUEGO Y AGUA CREA UNA GRAN ATMÓSFERA ERÓTICA Y NO HAY UN AMANTE MÁS LEAL Y PREOCUPADO QUE UN PISCIS.

EL PROBLEMA ES QUE EL EMOCIONAL PISCIS BUSCA ALGO MÁS QUE SEXO, MIENTRAS QUE SAGITARIO SE SIENTE BAS-TANTE A GUSTO ASÍ. CUANDO SE LLEGA A ESTO, SAGITARIO NECESITA UN COMPAÑERO Y PISCIS UN AMANTE DE EN-SUEÑO Y ES DIFÍCIL LOGRAR AMBOS OBJETIVOS FÁCILMENTE.

LO IDEAL ES QUE ENCONTRÉIS UNA CAUSA EN LA QUE AMBOS CREÁIS, TENIENDO ASÍ UN PUERTO AL QUE VOLVER CUANDO AZOTEN LAS INEVITABLES TORMENTAS.

CONSEJO PARA HACER QUE FUNCIONE

RECORDÁOS MUTUAMENTE LOS SUEÑOS Y OBJETIVOS QUE QUERÉIS LOGRAR JUNTOS. LA PACIENCIA Y LA COMPRENSIÓN CUANDO LA PAREJA NECESITE UN DESCANSO PARA HACER SUS PROPIAS COSAS SON ESENCIALES.

PISCIS Y CAPRICORNIO

COMBINACIÓN EXCELENTE AUNQUE AL PRINCIPIO PUEDA HABER DUDAS. PISCIS ES UN SOÑADOR Y PUEDE PARECER FRÁGIL, PERO A VECES UNA SUTIL ENTEREZA SE PUEDE CONFUNDIR CON DEBILIDAD. LAS FORTALEZAS COMBINADAS DE AMBOS AYUDAN A COMPENSAR VUESTRAS DEBILIDADES INDIVIDUALES Y JUNTOS FORMÁIS UN EQUIPO SÓLIDO.

PISCIS ES UN SIGNO QUE LLEVA EL LIDERAZGO EN SUS VENAS Y LE APASIONA CREAR PROYECTOS NUEVOS, ALGO QUE SE COMPLEMENTA A LA PERFECCIÓN CON CAPRICORNIO AL QUE LE ENCANTA LLEVAR UN PLAN SISTEMÁTICO Y CUMPLIR AL CORTO O LARGO PLAZO.

AMBOS TENDÉIS A ESCONDER LOS SENTIMIENTOS, POR LO QUE ES IMPORTANTE MANTENER LAS LÍNEAS DE COMUNICACIÓN ABIERTAS Y RESERVAR TIEMPO PARA CONECTAR. SEXUALMENTE PISCIS AYUDARÁ A CAPRICORNIO A TENER UNA MENTE MÁS ABIERTA Y A PROBAR COSAS NUEVAS.

CONSEJO PARA HACER QUE FUNCIONE (¡AÚN MEJOR!)

PACIENCIA Y APERTURA EN LOS PENSAMIENTOS AL INTENTAR ACOPLAR VUESTRAS PERSONALIDADES (CAPRICORNIO DEMASIADO METÓDICO Y PISCIS DEMASIADO EMOCIONAL).

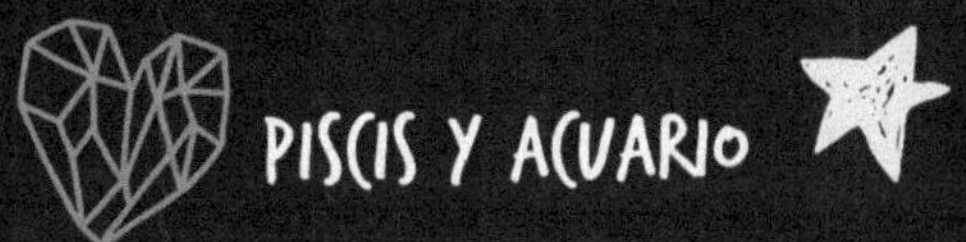

LA COMPATIBILIDAD NO ES MUY ALTA Y PARA QUE LA RELACIÓN DE PAREJA SEA DURADERA, TENDRÁ QUE HABER UNA BASE SÓLIDA DE AMOR Y COMPRENSIÓN, ASÍ COMO MUCHO INTERÉS POR PARTE DE AMBOS.

AL UNIROS SE CREA UNA RELACIÓN MUY SENTIMENTAL, AMOROSA Y ROMÁNTICA. ESTOS FACTORES OS HARÁN VIVIR POR MOMENTOS COMO EN UNA ESPECIE DE LUNA DE MIEL. EN EL ÁMBITO SEXUAL TENÉIS BUEN ENTENDIMIENTO. DEBÉIS TRATAR DE PROMOVER LA AVENTURA Y EXPERIMENTAR TODO LO QUE DESEÉIS.

PISCIS TENDRÁ QUE APRENDER A CONFIAR EN ACUARIO Y NO SENTIRSE RECHAZADO CUANDO ACUARIO REALICE ACTIVIDADES SÓLO O EN COMPAÑÍA DE OTROS. ACUARIO NECESITA CIERTA LIBERTAD PARA SENTIRSE CÓMODO EN UNA RELACIÓN PERO PISCIS DISFRUTA TANTO DE LA PRESENCIA DE SU PAREJA, QUE LE CUESTA NO CONSIDERAR LA FORMA DE SER DE ACUARIO COMO UN RECHAZO.

CONSEJO PARA HACER QUE FUNCIONE

DEBÉIS TENER EN CUENTA QUE EL AMOR SE CONSTRUYE ESCALÓN POR ESCALÓN Y QUE TENÉIS QUE SUBIRLOS JUNTOS.

CÓMO ENAMORAR A LOS OTROS SIGNOS

INDEPENDIENTEMENTE DE LA CLARIFICADORA INFORMACIÓN PREVIA, EL AMOR VIENE ASÍ DE ESTA MANERA, Y TE HAS ENAMORADO DE OTRO SER HUMANO (ESPERO), AQUÍ VAN LOS CONSEJOS INFALIBLES PARA QUE PISCIS ENAMORE A CADA UNO DE ELLOS:

ARIES: TENDRÁS QUE HACERTE FUERTE Y NO SER SUSCEPTIBLE A SUS ARREBATOS DE SINCERIDAD. SI QUIERES ATRAERLO, INTENTA SER MÁS OPTIMISTA, ENTUSIASTA Y VALIENTE. SU BÚSQUEDA TAMBIÉN SE ORIENTA AL VERDADERO AMOR, POR LO QUE SE SENTIRÁ FELIZ CON TU ENTREGA. ACOMPÁÑALO Y NO TE ABURRIRÁS.

TAURO: SE SENTIRÁ MUY ATRAÍDO POR TU BONDAD, TERNURA Y NOBLEZA. DESTACA ESTAS CUALIDADES CUANDO ESTÉS CON ÉL. COMPARTÍS EL GUSTO POR LA BELLEZA, LA SENSUALIDAD, LOS PLACERES DE LA CARNE. INVÍTALO A PASAR UN BUEN MOMENTO ÍNTIMO Y ROMÁNTICO, EN UN AMBIENTE AGRADABLE Y ESTIMULANTE PARA LOS SENTIDOS.

GÉMINIS: PARA ENAMORAR A GÉMINIS, MUÉSTRALE QUE A PESAR DE TU SENSIBILIDAD ERES FLEXIBLE Y ESTÁS ABIER-

TO A NUEVAS IDEAS. APRENDE A ESCUCHARLO E INTENTA CONTAGIARLE UN POCO DE OPTIMISMO. APORTA TU INTUICIÓN A SUS REFLEXIONES, PARA QUE PUEDA SENTIRSE SEGURO Y ENTRAR EN CONFIANZA. LO SEDUCIRÁS A TRAVÉS DE LA FANTASÍA Y LA BÚSQUEDA DE NUEVAS FUENTES DE PLACER.

CÁNCER: CÁNCER TAMBIÉN ES IDEALISTA EN EL AMOR, ASÍ QUE PLANTÉALE UNA RELACIÓN LLENA DE ROMANCE, PROTECCIÓN MUTUA Y FIDELIDAD. OS ENTENDÉIS BIEN Y PODÉIS SER MUY FELICES JUNTOS. DOS PERSONALIDADES SOÑADORAS, FRÁGILES Y EMOCIONALES. SE QUEDARÁ A TU LADO SI PUEDE PROYECTAR CONTIGO UNA VIDA ESTABLE Y HOGAREÑA Y SI SABES CONTENER SUS ALTIBAJOS EMOCIONALES.

LEO: TIENE UN CARÁCTER FUERTE, ASÍ QUE TENDRÁS QUE SER VALIENTE Y, SOBRE TODO, PACIENTE. NO PUEDES DEJAR QUE TE HIERA CON FACILIDAD, TU SENSIBILIDAD EXCESIVA PUEDE RESULTARLE RIDÍCULA. LEO ES BUENO Y GENEROSO, AUNQUE PAREZCA DURO. PARA ENAMORARLO, DÉJATE LLEVAR POR ÉL. ES ROMÁNTICO Y CARIÑOSO PERO TAMBIÉN DOMINANTE Y PROTECTOR, Y NO LE GUSTA QUE LO CRITIQUES.

VIRGO: DEMUÉSTRALE QUE TÚ LO COMPLEMENTAS MARAVILLOSAMENTE. VIRGO ES METÓDICO Y REALISTA, SÉ

RESPETUOSO CON ESO Y APORTA TU FANTASÍA E IDEALISMO PARA AYUDARLO, PERO NO LE DESORDENES LA VIDA NI LAS IDEAS PORQUE LO DESESTABILIZARÁS. LO CONQUISTARÁS PARTIENDO DEL ROMANTICISMO, PERO SI NO LE DAS SEGURIDAD Y COMPROMISO SE REPLANTEARÁ LA RELACIÓN.

LIBRA: LIBRA PUEDE PERCIBIR UN AURA DE BELLEZA Y FANTASÍA EN TI, APROVÉCHALO. LA MENTE DE LIBRA ES MÁS ESTRUCTURADA Y REFLEXIVA, NECESITA QUE LA CONEXIÓN SEA TANGIBLE. NO RESERVES TUS SENTIMIENTOS, ÁBRETE AL DIÁLOGO PROFUNDO, QUE ENCUENTRE EN TI UN CÓMPLICE ADEMÁS DE UN AMANTE. LIBRA NECESITA QUE EXPRESES TU AMOR FÍSICAMENTE.

ESCORPIO: A ÉL LE GUSTA PROPORCIONAR PROTECCIÓN Y TÚ LO INSPIRARÁS CON TU ACTITUD SENSIBLE Y SOÑADORA. LO ATRAERÁS SI CONSERVAS UN HALO DE MISTERIO Y TE MUESTRAS INDEPENDIENTE, PERO SEDUCTOR. SÉ SUTIL Y DEJA QUE PIENSE QUE ES ÉL EL QUE QUIERE ENAMORARTE.

SAGITARIO: AL PRINCIPIO, LO ENCANTARÁS CON TU TERNURA Y SENSUALIDAD. AMBOS SOIS SOÑADORES Y DISFRUTÁIS DE EXPANDIR VUESTRO HORIZONTES. INTENTA SEGUIRLE EL RITMO A SAGITARIO, SUEÑA CON ÉL.

LO CONQUISTARÁS COMPARTIENDO AVENTURAS, VIAJES, ACTIVIDADES CULTURALES O AL AIRE LIBRE.

CAPRICORNIO: LO ENAMORAS CON TU DULZURA Y SENSIBILIDAD. TEN PACIENCIA SI SE MUESTRA FRÍO O INDIFERENTE, AL PRINCIPIO LE CUESTA EXPRESAR SUS SENTIMIENTOS. TÚ MANTÉN UNA ACTITUD SEGURA Y CONSTANTE PORQUE LAS INCONGRUENCIAS LO DESCONCIERTAN Y DESANIMAN. HAZ QUE TU SUTILEZA, GRACIA Y FRAGILIDAD DESPIERTEN EN ÉL LAS GANAS DE PROTEGERTE. LE ENCANTARÁ.

ACUARIO: NECESITARÁS TENER PACIENCIA, PUES NECESITA CONOCERTE, REFLEXIONAR Y SOMETER TODO A PRUEBA ANTES DE ENTREGARSE. NO LE GUSTARÁ SENTIRSE ATADO. VALORA SU INDEPENDENCIA Y SUS MOMENTOS A SOLAS. HÁBLALE DE GUSTOS EN COMÚN: MÚSICA, LITERATURA Y CULTURA GENERAL, PARA QUE SE INTERESE EN TI.

PISCIS: LA CONEXIÓN INICIAL PUEDE SER MUY FUERTE, CÁRGALA DE SENSUALIDAD, TERNURA Y PASIÓN. ACÉRCATE A ÉL INTUITIVAMENTE; OS ENTENDÉIS A LA PERFECCIÓN. RECUERDA CUIDAR LA SENSIBILIDAD DE PISCIS, QUE ES TAN FRÁGIL COMO TÚ. PARA QUE LA RELACIÓN FUNCIONE A LARGO PLAZO, TENDRÁS QUE BAJARLO UN POCO A LA REALIDAD O PODÉIS PERDER LA CONEXIÓN.

Piscis y el sexo

EL SEXO SIN SENTIMIENTOS NO SE ENTIENDE PARA TI. NECESITAS SENTIR EL AMOR PARA ENTREGARTE. EN REALIDAD BUSCAS UN ALMA COMPAÑERA Y AMIGA.

PARA COMPLACERTE TENDRÁN QUE PASAR ALGÚN TIEMPO EN EL REINO DE LA FANTASÍA. SOÑAR CONJUNTAMENTE Y RECOMPENSARÁS CON AMOR PURO Y UN SEXO MUY ESPECIAL.

PERO PARADÓJICAMENTE, DE CARA AL SEXO COMO PAREJA, OBLIGARÁS AL OTRO A SER PRÁCTICO PORQUE AUNQUE TÚ QUERRÍAS RETENER A TU PAREJA EN EL MUNDO DE TUS SUEÑOS Y DE LA FANTASÍA, DEBERÍAN AYUDARTE A TRASLADAR TU ENERGÍA PARA QUE PONGAS LOS PIES EN EL SUELO. DE LO CONTRARIO, FLOTARÉIS LOS DOS FUERA DE LA REALIDAD, Y LA VIDA EN EL MUNDO REAL ACABARÁ POR PASAR FACTURA.

EN LA CAMA TE GUSTA EL CONTACTO VISUAL, LOS PRE-
LIMINARES, LAS CARICIAS, QUE TE DEN PLACER. TE
GUSTA HACERLO EN UNA SILLA, ENCIMA DE LA MESA...
NECESITAS CREAR UN AMBIENTE DE VELAS E INCIENSO,
PARA ENTRAR EN CALOR.

SEXUALMENTE ERES COMPATIBLE CON CÁNCER, ESCOR-
PIO, PISCIS QUE SON SIGNOS DE AGUA COMO TÚ.
ESCORPIO TE DA MUCHO MORBO, PORQUE TE OBLIGA A
VIVIR EL SEXO COMO TAL, OLVIDÁNDOTE DE TUS FAN-
TASÍAS.

TAMBIÉN DOS SIGNOS DE TIERRA COMO CAPRICORNIO Y
TAURO PUEDEN DARTE LO QUE NECESITAS.

Piscis y el trabajo

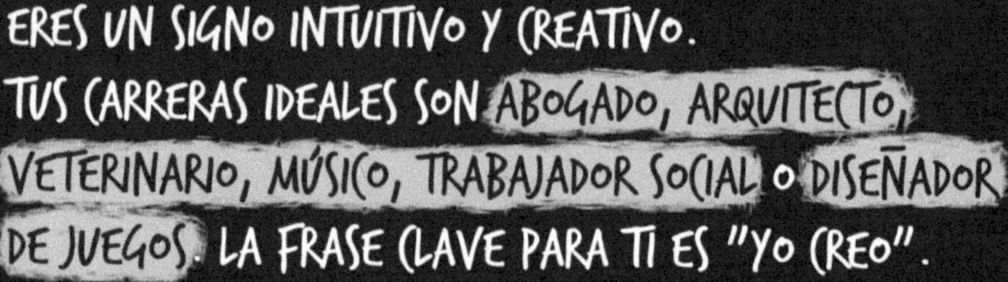

ERES UN SIGNO INTUITIVO Y CREATIVO. TUS CARRERAS IDEALES SON ABOGADO, ARQUITECTO, VETERINARIO, MÚSICO, TRABAJADOR SOCIAL O DISEÑADOR DE JUEGOS. LA FRASE CLAVE PARA TI ES "YO CREO".

NO SOLO HACES LO QUE DEBES HACER, TÚ SIEMPRE VAS POR MÁS.

ERES UN SIGNO SENSIBLE, PROFUNDAMENTE COMPASIVO, TRABAJADOR, DEDICADO Y CONFIABLE, ESTA ES UNA SEÑAL DE QUE SABES CÓMO LLEGAR AL CORAZÓN DEL ASUNTO. PUEDES RESOLVER MUY BIEN LOS PROBLEMAS.

EN GENERAL, NO TIENES AL DINERO COMO ÚNICO OBJETIVO. ESTÁS MÁS PREOCUPADO POR TUS SUEÑOS QUE POR EL DINERO. AUNQUE MUCHAS VECES EL DINERO ES IMPORTANTE PARA LOGRAR TUS ASPIRACIONES.

SERÁ SIEMPRE NECESARIO QUE BUSQUES TRABAJOS EN LOS QUE PUEDAS APLICAR TODA TU CAPACIDAD PARA ASISTIR A OTROS EN SUS NECESIDADES, POR LO QUE SIEMPRE SERÁS UN BUEN ASISTENTE, SECRETARIO O CONSEJERO DE TODO TIPO.

A VECES VAS MÁS LENTO QUE EL RESTO, PERO SIEMPRE LLEGARÁS A TU DESTINO TARDE O TEMPRANO, YA QUE SABES QUE ESTÁS PREPARADO PARA ENFRENTARLO TODO.

SI HABLAMOS DE PROFESIONES LIGADAS AL AGUA, COMO MARINO, PESCADOR O ACUICULTURA, TIENES MUCHAS OPORTUNIDADES PARA DESTACAR, YA QUE ES TU ELEMENTO NATURAL Y TU CERCANÍA A LA PAZ DEL OCÉANO PUEDE SER UN EXCELENTE CALMANTE Y UN MOTOR PARA TU VIDA.

TIENES MUCHA CERCANÍA CON LOS PROBLEMAS DE OTROS, POR LO QUE SER TERAPEUTA O PSICÓLOGO TAMBIÉN SERÍA UNA BUENA OPCIÓN PARA TI.

TE LLEVAS BIEN CON EL DOLOR AJENO, YA QUE ERES CAPAZ DE SANARLO Y DE APACIGUAR HASTA A LA PERSONA MÁS DEPRIMIDA DEL MUNDO, PORQUE ENTIENDES PERFECTAMENTE LO QUE SE SIENTE AL ESTAR ASÍ.

TIENES TAMBIÉN UN LADO BASTANTE ARTÍSTICO, SIENDO LA INTERPRETACIÓN, LA MÚSICA Y TAMBIÉN EL CINE EN CUALQUIERA DE SUS ÁREAS UNA BUENA OPCIÓN DE TRABAJO PARA TI PARA ECHAR A VOLAR TU CREATIVIDAD Y PLASMAR UN POCO MÁS DE TU INMENSO MUNDO INTERNO PARA EL DISFRUTE DE OTROS.

TIENES MUCHA IMAGINACIÓN, A MENUDO SE TE PUEDE VER PENSANDO EN COSAS QUE NADIE MÁS ENTIENDE, EXCEPTO OTRO PISCIS O ALGUIEN LIGADO AL MUNDO DEL ARTE.

VIRTUDES.- VISIONARIO, SENSIBLE, GENEROSO. 

DEFECTOS.- AMBIGUO, EVASIVO, CAÓTICO.

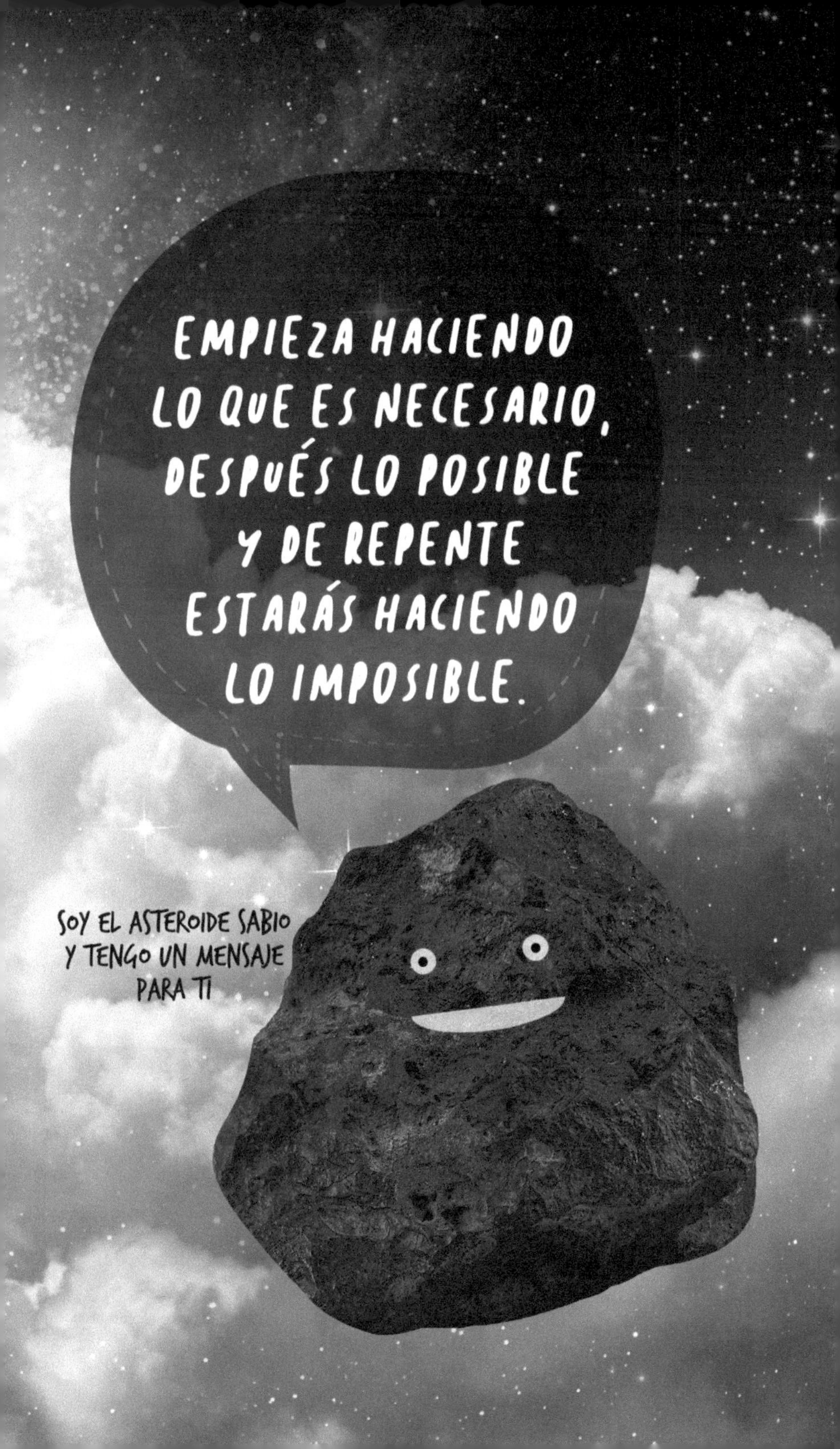

EMPIEZA HACIENDO LO QUE ES NECESARIO, DESPUÉS LO POSIBLE Y DE REPENTE ESTARÁS HACIENDO LO IMPOSIBLE.
SOY EL ASTEROIDE SABIO Y TENGO UN MENSAJE PARA TI

Piscis y la amistad

NO SOLO ERES UNA PERSONA MUY DE FIAR, SINO TAMBIÉN ALGUIEN QUE VA A ACOMPAÑAR Y APOYAR A SUS AMIGOS EN TODO LO QUE NECESITEN.

LA PARTE NEGATIVA ES QUE CONFÍAS DEMASIADO EN LAS PERSONAS QUE NO DEBES, MUCHAS VECES ENTREGAS TU CORAZÓN SIN MEDIR LAS CONSECUENCIAS.

SUELES ESTAR DISPUESTO A ESCUCHAR Y NO TE APRESURAS PARA HABLAR E INTERRUMPIR A LOS DEMÁS, SIEMPRE ESTÁS DISPUESTO A ESTAR AHÍ EN LOS PROBLEMAS DE LOS DEMÁS PORQUE TIENES LA CAPACIDAD DE PONER ATENCIÓN TOTAL Y OLVIDARTE DE TUS PROBLEMAS PARA CONCENTRARTE EN SOLUCIONAR LOS DE LOS QUE ESTÁN A TU LADO. ERES UN AMIGO DE TRACA.

ENCUENTRAS BUENAS AMISTADES ENTRE TUS PARES DE AGUA. MUCHOS PODRÍAN PENSAR QUE PODRÍAS SENTIRTE

UN POCO INTIMIDADO POR LA FUERZA DE ESCORPIO, PERO NO ES ASÍ, SABES CÓMO LLEVAR EL TEMPERAMENTO DEL ESCORPIÓN Y PODÉIS TENER UNA RELACIÓN BASTANTE CORDIAL.

CON CÁNCER LA RELACIÓN SERÁ MUCHO MÁS CERCANA, YA QUE AMBOS COMPARTÍS LA SENSIBILIDAD FRENTE A LA VIDA, ES DECIR, SOIS BASTANTE SIMILARES.

CON TAURO TE ENTIENDES DE UNA FORMA MUY BUENA, DÁNDOOS MUCHO APOYO, PORQUE TAURO TAMBIÉN LOGRA COMPRENDER TU SENSIBILIDAD.

NO TIENES MUY BUENA RELACIÓN CON LOS NATIVOS DE LIBRA, PERO SÍ PODRÍAIS SER BUENOS COMPAÑEROS DE TRABAJO SIN LA NECESIDAD DE SER GRANDES AMIGOS.

ASÍ MISMO SUCEDERÍA CON CAPRICORNIO, QUIEN MUCHAS VECES NO ENTIENDE TU EXCESIVA SENSIBILIDAD.

CON QUIEN NO SUELES TENER BUENA RELACIÓN ES CON SAGITARIO, CHOCAS BASTANTE PORQUE ÉL NO LOGRA EN-TENDER TU MANERA DE ENFRENTARTE A LA VIDA.

La página mágica

ESTE LIBRO ES MÁGICO, COMO TÚ, Y VIENE CON UN REGALO: LA PÁGINA MÁGICA.

AUSPICIADO POR TUS PROTECTORES, PODRÁS FORMULAR UN DESEO Y AL ESCRIBIRLO, EL DESEO SE CUMPLIRÁ EN EL MOMENTO PRECISO.

CONCÉNTRATE, RESPIRA HONDO E INVOCA A NEPTUNO Y A TU SÍMBOLO DEL YING Y EL YANG.

EL DESEO SE CUMPLIRÁ

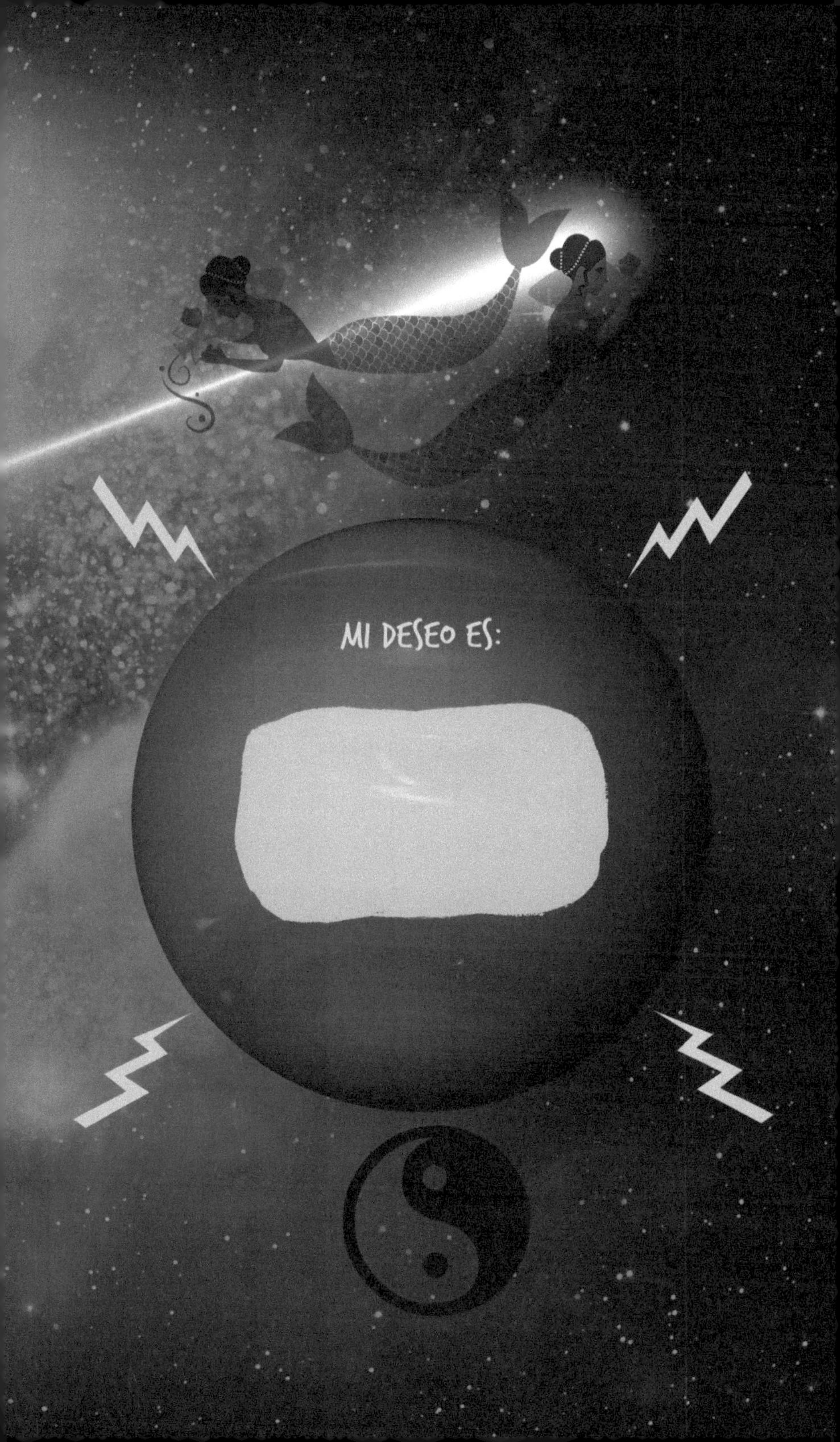

MI DESEO ES:

Consejos de vida para Piscis

QUERIDO PISCIS, SI TRABAJAS UN POCO UN TALANTE POSITIVO Y ACTIVO, ATRAERÁS A TU VIDA TODO LO QUE TU MENTE SUEÑA.

GRACIAS A ESE SEXTO SENTIDO QUE POSEES, TE ADELANTAS A LOS ACONTECIMIENTOS ANTES DE QUE OCURRAN Y SACAS PROVECHO HASTA DE LAS CIRCUNSTANCIAS MÁS ADVERSAS, SI MEZCLAS TU MENTE VISIONARIA CON UN POCO MÁS DE PRACTICIDAD, PUEDES ALCANZAR LAS ESTRELLAS.

DAS TANTO, QUE TU KARMA ES NORMALMENTE BUENÍSIMO Y A LO LARGO DE TU VIDA LA SUERTE PUEDE LLEGARTE DE LA MANO DE TUS RELACIONES MÁS ESTRECHAS: YA SEA PAREJA, AMIGOS O FAMILIARES.

MIRA AL CIELO PERO DE VEZ EN CUANDO NO PIERDAS DE

VISTA EL SUELO QUE PISAS, PARA NO TROPEZARTE Y PARA HACERTE CON TODAS LAS OPORTUNIDADES QUE TE PUEDES ENCONTRAR Y QUE A VECES NO VES.

APRENDE A DESCONECTAR DEL ESTRÉS Y DE LAS TENSIONES PARA QUE PUEDA AFLORAR LO MEJOR DE TI Y TE PUEDAS RECUPERAR DE LOS ALTIBAJOS QUE SUFRES POR IR CON EL CORAZÓN SIEMPRE EN LA MANO Y DAR TODO DE TI, TANTO EN LO PERSONAL COMO EN LO PROFESIONAL.

DISFRUTA DE TODO LO BUENO QUE TIENES Y DEJA DE SUFRIR PENSANDO QUÉ TE DEPARARÁ EL FUTURO. SIEMPRE ES UN BUEN MOMENTO DE CAMBIAR LO QUE NO TE GUSTA Y DE SER FELIZ. CIERRA, LO ANTES QUE PUEDAS, ESOS EPI-SODIOS DE TU VIDA QUE DESESTABILIZAN TU PAZ INTERIOR. TE MERECES SER FELIZ, PROBABLEMENTE TÚ MÁS QUE NADIE. APRENDE A DECIR ADIÓS CUANDO DEBAS.

NO DEJES DE SOÑAR, GENTE COMO TÚ ES LA QUE HACE QUE ESTE MUNDO SEA MÁS HERMOSO. HAZ OÍDOS SORDOS A LOS QUE SÓLO BUSCAN LO MATERIAL, TÚ REPRESENTAS LA BONDAD, LA LUZ Y LO BELLO DE LA VIDA.

CUÍDATE MUCHO. ESTE MUNDO NECESITA AL MARAVILLOSO PISCIS.